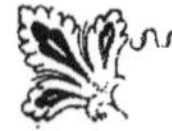

CATALOGUE

DE

FAÏENCES RARES

ET DE

PORCELAINES

COMPOSANT LA COLLECTION DE

M. LE COMTE ANATOLE D'ARSCHOT.

VENTE A PARIS

Hôtel des Commissaires-Priseurs, rue Drouot, 5,

SALLE N° 3.

Les Lundi 18, *Mardi* 19 *et Mercredi* 20 *Mai* 1868,

A UNE HEURE ET DEMIE PRÉCISE.

EXPOSITIONS { PARTICULIÈRE, le Samedi 16 Mai 1868
PUBLIQUE, le Dimanche 17 Mai 1868
de une heure à cinq.

Mᵉ CHARLES PILLET,	M. CHARLES MANNHEIM,
COMMISSAIRE-PRISEUR	EXPERT

1868

CATALOGUE

DE

FAÏENCES RARES

ET DE

PORCELAINES

COMPOSANT LA COLLECTION DE

M. LE COMTE ANATOLE D'ARSCHOT.

CONDITIONS DE LA VENTE.

La vente sera faite au comptant.

Les acquéreurs payeront cinq pour cent en sus des enchères.

L'exposition mettant le public à même de se rendre compte de l'état des objets, il ne sera admis aucune réclamation une fois l'adjudication prononcée.

N. B. M. le Comte d'Arschot avait déjà rédigé et fait imprimer le catalogue de sa collection de Faïences et de Porcelaines lorsqu'il s'est décidé à en faire la vente à Paris. Nous l'avons accepté tel quel, nous réservant de le rectifier s'il y a lieu, lors de la vente.

Bruxelles. — Imp. mécanique de Ch. et A. Vanderauwera.

CATALOGUE

DE

FAÏENCES RARES

ET DE

PORCELAINES

COMPOSANT LA COLLECTION DE

M. LE COMTE ANATOLE D'ARSCHOT.

VENTE A PARIS,

HÔTEL DES COMMISSAIRES-PRISEURS, RUE DROUOT, 5,

...rdi 19 e... 3,

Les Mardi 19 e... RE ET ... 20 Mai 1868,
à une heure ... ie précise.

... ARTICULIÈR ... 186...

COMMISSAIRE-PRISEUR : ...BLIQUE, le Dimanche 17 Mai 1868.

Me CHARLES PILLET ... ne heure à cinq.

10, RUE GRANGE BATÉLIÈRE. ... ORGES,

EXPOSITION PARTICULIÈRE : M. ... TION PUBLIQ...

Le Dimanche 17 Mai ... Lundi 18 Mai

De une à cinq ...es.

CE CATALOGUE SE DISTRIBUE :

A PARIS,	chez MM.	**PILLET**, Commissaire-Priseur, rue Grange Batelière, 10.
—	»	**CHARLES MANNHEIM**, expert, rue St-Georges, 7.
A LILLE,	»	**HOUREZ**, marchand de tableaux.
A MONTPELLIER,	»	**ROGER**, marchand d'objets d'art.
A LYON,	»	**HOETH**, marchand d'estampes, rue Romarin, 9.
A MARSEILLE,	»	**VALLI**, marchand de tableaux, rue Paradis, 24.
A ROUEN,	»	**BILLARD**, marchand de curiosités.
A BRUXELLES,	»	**ÉTIENNE LE ROY**, place du Grand-Sablon, 33.
A ANVERS,	»	**TESSARO**, marchand d'estampes.
A LIÉGE,	»	**BODSON**, antiquaire.
A BRUGES,	»	**BOGAERTS**, imprimeur-libraire, rue Philipstok.
A GAND,	»	**DUQUESNE**, libraire, rue des Champs, 81.
A LONDRES,	»	**COLNAGHI**, marchand d'estampes, Pall Mall East, 14.
A AMSTERDAM,	»	**ROOS**, hôtel de Brakke grond.
A LA HAYE,	»	**GOUPIL** et Compagnie, Plaats, 14.
A ROTTERDAM,	»	**A. LAMME**, artiste-peintre, Hoogstraat.
A COLOGNE,	»	**HÉBERLÉ**, marchand d'antiquités.
A BONN,	»	**VAN DER KOLK** et **WEBER**, marchands d'estampes.
A MUNICH,	»	**BRULLIOT**, conservateur du Musée.
A VIENNE,	»	**ARTARIA** et Compagnie.
A DRESDE,	»	**ARNOLD**, marchand d'estampes.
A BERLIN,	»	**LEPKE**, unter der Linden.
A LEIPZIG,	»	**BROCKHAUS** et Compagnie.
A FRANCFORT,	»	**JUGELL**, libraire.
A HAMBOURG,	»	**COMMETER**, marchand d'estampes.
A MANNHEIM,	»	**ARTARIA** et **FONTAINE**.
A St-PÉTERSBOURG,	»	**VON REGMORTER**.
A ROME,	»	**DURANTINI**, peintre.
A FLORENCE,	»	**RICCIERI**.
A GÈNES,	»	**ISOLA**, peintre.
A MILAN,	»	**VALLARDI**.
A TURIN,	»	**BUCHERON**, peintre.
A VENISE,	»	**SANQUIRICO**.
A GENÈVE,	»	**MANAGA** frères, marchands d'objets d'art.
A BERNE,	»	**BURGDORFER**, marchand d'estampes.
A BALE,	»	**SCHRUBER** et **WALZ**, marchands d'objets d'art.

AVANT-PROPOS.

Cette collection, rassemblée à une époque où on trouvait encore des objets dignes d'un amateur sérieux, a été faite avec les plus grands soins. Aussi y trouve-t-on des spécimens très-remarquables de faïences. Les faïences de Delft sont toutes très-heureuses comme émail et comme dessin. Il y a d'abord les deux plats en camaïeu, représentant les Noces de Cana et Notre-Seigneur au jardin des Olives. On y voit, ce qui est si rare dans les faïences hollandaises, beaucoup d'animation et une certaine pureté de dessin. Une petite plaque représentant un savant, Antoine Van Leuwenhouck, est peut-être, dans son genre, la plus remarquable. Le portrait est d'une finesse qui peut rivaliser avec la gravure. Une plaque représentant un Paysage d'après le peintre Berchem, se recommande aux collectionneurs.

La pièce la plus extraordinaire est la plaque en Delft représentant la caricature du système Law. Le faïencier H. V. Mildick (1720) s'est surpassé dans cette composition, où se trouvent une grande quantité de personnages. La verve de la composition est étonnante. Aussi cette pièce, unique dans son genre et qui a le caractère d'une curiosité historique, est-elle digne d'un musée.

En faïences italiennes, nous trouvons plusieurs plats hors ligne, entre autres un plat d'Urbino du célèbre faïencier Orazio Fontana (seizième siècle), sujet mythologique, qui est d'une richesse de coloris étonnante et d'une grande pureté de dessin; plusieurs plats d'Urbino du seizième siècle de la même école; un plat à reflets métalliques de Gubbio, du célèbre maëstro Giorgio, et plusieurs plats à reflets métalliques de la même école; une gourde de chasse, décorée de splendides paysages, en faïence de Castelli, etc., etc.

Les faïences françaises comptent plusieurs spécimens très-remarquables : Une vasque énorme en Rouen, d'un dessin superbe. Un plat carré à deux anses, à dessin cachemire, aux trois couleurs, si recherchés maintenant. Les Quatre Saisons, bustes moyenne grandeur, dont deux exemplaires sont connus. La figure de l'Hiver représenté par un vieillard à longue barbe, drapé dans les plis d'un manteau d'hermine, est digne de la statuaire.

Ces pièces sont d'une grande richesse de coloris et d'émail. Deux petits lions en Lunéville se recommandent par l'éclat de leurs crinières jaunes.

Le poêle en faïence de Rouen, de forme pyramidale, et en émail jaune, est très-curieux.

Il faut mentionner un plat de faïence de Nuremberg, dit plat de Luther, parce que ce plat a été fait en mémoire de la confession d'Augsbourg : il représente Luther et le duc de Saxe, séparés par une table sur laquelle il y a une Bible. On ne connaît que deux exemplaires de ce plat.

Mais la pièce la plus remarquable et peut-être unique en Europe et qui certes attirera l'attention des amateurs, c'est la cheminée de Nuremberg (émail stannifère, terre cuite). Cette cheminée, haute de 3 mètres sur 1m80 de large, est du célèbre faïencier Auguste Hirschvogel (1530). Hirschvogel a joué le même rôle en Allemagne que les Della Robbia en Italie. Cette composition, qui est dans de grandes proportions, réunit une grande richesse de coloris à une perfection étonnante de dessin. Rien de plus beau n'a été fait en Italie. Il existe à Salzbourg une cheminée dans ce genre, attribuée au frère d'Auguste Hirschvogel, elle est moins grande et moins riche de détails.

Quant aux porcelaines, appelons l'attention sur le magnifique service en vieux Saxe, composé de deux cent dix pièces et une charmante collection de figurines et groupes en vieux Saxe, en Mayence (époque Melchior), en Frankenthal, en Vienne, en Kronenbourg. Parmi les cuivres émaillés de Chine, il y a une coupe avec soucoupe, à la marque du Dragon bleu, qui est très-caractéristique par son décor noir et or.

Somme toute, cette collection contient des objets assez remarquables pour attirer l'attention des collectionneurs.

CATALOGUE

FAÏENCES.

FAIENCES DE DELFT.

1 **Grand plat,** année 1680, diamètre 0^m35, décor en camaïeu, beaucoup de personnages, représentant Notre-Seigneur au Jardin des Olives.

2 **Grand plat,** année 1680, diamètre 0^m35, décor en camaïeu, représentant les Noces de Cana, plusieurs centaines de figures, décor d'architecture très-remarquable.

3 **Plaque.** Décor en camaïeu, année 1686, représentant un Savant en costume Louis XIV. Légende indiquant le nom du savant. Émail et dessin d'une finesse remarquable. (Antoine van Leuwenhouck.)

4 **Plat ovale,** moyenne grandeur, année 1750, attribué au faïencier H.-V. Mildyk. Sujet historique, représentant le Prince d'Orange, avec le cri : *Vivat Oranje*. Décor polychrome très-riche, émail très-fin.

5 **Une plaque,** longueur 0^m40, année 1760, représentant

un Grand Vase avec fleurs et perroquets, polychrome. Grande richesse de coloris.

6 **Une plaque,** époque Louis XV, longueur 0m34, rocaille, polychrome, représentant l'Enfant prodigue en camaïeu.

7 **Une plaque,** époque Louis XIV, longueur 0m38, représentant le Siége de Bommel sous Louis XIV. Décor en camaïeu.

8 **Plat,** diamètre 0m28, dix-septième siècle, représentant une Dame chinoise. Ornements et bordure de fleurs et d'oiseaux polychromes.

9 **Deux vases** cannelés, dix-septième siècle, hauteur 0m49, représentant des Oiseaux et des Fleurs en camaïeu.

10 **Une garniture** complète de 5 pièces, dix-huitième siècle, hauteur 0m38, ornée de fleurs en camaïeu.

11 **Un vase** cannelé, dix-huitième siècle, hauteur 0m41, orné de fleurs en camaïeu.

12 **Deux cornets,** époque Louis XV, hauteur 0m26, dessin de fleurs en camaïeu.

13 **Deux beurriers,** moyenne grandeur, 1764, marqués à la hache, J. de Brauwere faïencier; ils représentent des oiseaux, décor polychrome.

14 **Une théière,** grandeur moyenne, dix-septième siècle, imitation de vieux Japon, avec ornements en bleu, rouge et or; émail et coloris très-brillants. Pièce très-rare.

15 **Un plat à barbe,** largeur 0m28, faïence gaufrée à médaillons en camaïeu, représentant des Paysages, Fleurs, Marines; ornements autour des médaillons et à la bordure polychrome. Émail et coloris très-fins. Dix-septième siècle.

16 **Deux petits vases,** ornements polychromes.

17 **Cinq assiettes** et **un plat,** dix-huitième siècle,

ornements en camaïeu, avec six médaillons, renfermant des bouquets de fleurs polychromes.

18 **Une vasque,** dix-huitième siècle, hauteur 0m17, camaïeu à fleurs.

19 **Grande plaque,** année 1779, longueur 0m34, représentant une Vue de ville avec canal. Décor en camaïeu.

20 **Grande plaque,** année 1780, longueur 0m36, représentant l'Été. Décor en camaïeu, genre Watteau

21 **Grande plaque,** époque Louis XV, largeur 0m39, avec rocailles et décor en camaïeu, représentant des Personnages chinois. Émail très-fin.

22 **Deux assiettes,** époque Louis XV, à bords très-larges, à fleurs polychromes, le fond représente une Scène dans le style de Watteau, en camaïeu.

23 **Deux assiettes,** année 1750, bordure à fleurs et festons polychromes. Au milieu, les Armes de la famille de Daw, en polychrome. Émail et coloris splendides.

24 **Deux perroquets,** dix-septième siècle, grandeur naturelle. Émail vert et jaune, pieds à jour, polychromes. Pièces très-rares comme émail et coloris. hauteur 0m20.

25 **Deux cornes** d'abondance, dix-huitième siècle, grandeur moyenne, fond blanc avec oiseaux et fleurs à reliefs polychromes.

26 **Grand plat** gaufré, à piedouche, imitation des faïences italiennes, dix-septième siècle. Diamètre 0m30, représentant un Paysage et des oiseaux polychromes (de Savaglio, 1620, très-rare).

27 **Deux assiettes,** 1750, fond orangé, à fleurs polychromes, représentant le Prince et la Princesse d'Orange, du faïencier Turner, dix-huitième siècle.

28 **Une théière,** dix-septième siècle, hauteur 0m16, repré-

sentant un Homme grotesque assis sur un socle, dessin polychrome, pièce très-curieuse.

29 **Un sabot,** dix-huitième siècle, grandeur moyenne, fond blanc à fleurs polychromes.

30 **Une plaque** carrée, grandeur moyenne, dix-septième siècle, représentant une Ruine dans un paysage avec un pont et personnage, d'après le célèbre peintre hollandais Berchem. Pièce très-rare, décor en camaïeu.

31 **Une plaque** carrée, grande grandeur, 1720, bordure polychrome à fond brun, représentant la rue Quincampoix assiégée par les acheteurs des actions de la banque Law, dessin en camaïeu, une centaine de personnages, grande finesse d'émail et de dessin. Cette pièce est une caricature du système Law. Diamètre 0,36. Elle est unique dans son genre et digne d'un musée.

32 **Une petite assiette,** époque Louis XV, représentant le Portrait de Louis XV encore jeune, décor en camaïeu très-fin d'émail.

33 **Petit vase,** hauteur 0,25, décor de fleurs en camaïeu.

34 **Plat profond.** Diamètre 0,38, dix-huitième siècle, représentant un Berger et une Bergère gardant des moutons, maisons dans le fond, décor polychrome.

35 **Grand plat** (1620, de Savaglio), Imitation des faïences italiennes. Le fond, une maison, ruine, arbre et personnage brun et lilas sur fond jaune. La bordure et le marli, festons, arabesques, chimères et oiseaux polychromes. Les aigles autrichiennes en lilas ; plat très-rare, émail splendide.

36 **Petit plat.** Diamètre 0,28, 1794. Le fond, un Cavalier monté sur un cheval de guerre, décor en camaïeu, fleurs et festons.

37 **Une plaque,** longueur 0,35, forme de baldaquin. Scène d'intérieur. Joueurs et joueuses de dames, décor polychrome.

FAIENCES ITALIENNES (MAJOLIQUES).

38 **Plat,** petite grandeur, faïence de Castelli (Naples), dix-septième siècle, représentant un paysage polychrome très-fin de couleurs et d'émail.

39 **Plat,** petite grandeur, analogue au précédent. Diamètre 0,17, dix-septième siècle.

40 **Plat,** moyenne grandeur, faïence de Castelli, dix-septième siècle, paysage polychrome avec une bergère gardant des chèvres, à rehauts d'or; très-rare.

41 **Deux plaques,** moyenne grandeur, faïence de Castelli, sujets bibliques, la Femme adultère et le Prévaricateur, dessin polychrome, dix-huitième siècle.

42 **Plat,** moyenne grandeur, faïence d'Urbino, seizième siècle, polychrome. Représentant Vénus tenant une pomme. Diamètre, 0,21.

43 **Plat,** moyenne grandeur, faïence d'Urbino, seizième siècle, polychrome, représentant les noces d'Abraham. Au revers paysage polychrome, avec les armes du cardinal de la Rovere.

44 **Plat,** moyenne grandeur, faïence d'Urbino, d'Orazio Fontana, seizième siècle, polychrome, sujet mythologique avec la légende au revers : Arethusia et Alofeo.

45 **Plat,** moyenne grandeur, faïence d'Urbino, seizième siècle, polychrome, sujet mythologique avec légende au revers.

46 **Plat,** moyenne grandeur, faïence d'Urbino, seizième siècle, polychrôme, sujet mythologique avec légende au revers.

47 **Un plat,** grande grandeur, faïence de Gênes avec la marque, dix-septième siècle, dessin à compartiment en camaïeu, la bordure du plat festonnée.

48 **Un plat,** moyenne grandeur, faïence de Venise, dix-huitième siècle, bordure polychrome, à reliefs, représentant des fleurs et des fruits, le fond polychrome, représente Bacchus assis sur un tonneau entouré de deux jeunes faunes.

49 **Plat,** grande grandeur, fort profond (Amatori). Faïence de

Gubbio, de maëstro Giorgio, seizième siècle, reflets métalliques. Le fond est jaune et représente l'Amour enchaîné, les bords très-larges représentent des attributs de guerre et de musique avec la légende : Arrabella Bella.

50 **Petit plat,** faïence de Gubbio à reflets métalliques seizième siècle, de maëstro Giorgio, à reflets rubis, azur, or et argent.

51 **Un plat,** moyenne grandeur, faïence d'Urbino, 1548, polychrome, sujet historique, Mutius Scœvola.

52 **Un grand plat,** faïence de Gubbio, seizième siècle, à reflets métalliques, de maëstro Giorgio ; les bords représentent des Écailles de poisson et le fond une Femme en buste tenant une fleur en main, très-rare, 1520.

53 **Une gourde,** grandeur moyenne, faïence de Castelli, dix-septième siècle, représentant sur chaque face un magnifique paysage (0,23), avec figures. D'un fini et d'une richesse extrême, polychrome.

54 **Un pot** de pharmacie, moyenne grandeur, faïence de Gubbio à reflets métalliques, seizième siècle, décor polychrome avec figure, hauteur 0,22.

55 **Un vase** avec une anse, moyenne grandeur, faïence d'Urbino, seizième siècle, polychrome, représentant un Guerrier sur un cheval blanc dans un paysage, hauteur 0,30.

56 **Une plaque,** grandeur moyenne, faïence de Castelli, dix-septième siècle, polychrome, représentant un Combat.

57 **Un grand plat,** faïence de Faenza, seizième siècle, polychrome, représentant des Arabesques, fleurs et oiseaux sur fond jaune et au milieu Hercule luttant avec un lion, diamètre 0,41.

58 **Plat**, grandeur moyenne, faïence de Deruta, dix-septième siècle, représentant l'Empereur Tibère, sur fond jaune, bordure de lauriers verts sur fond jaune, avec la légende : Tiberius Cæsar. (Polychrome).

59 **Une coupe,** à piedouche, faïence d'Urbino, seizième siècle, sujet tiré de l'Histoire romaine. La bordure, des chimères et une armoirie ; au revers des chimères entrelacées de festons ; le pied décoré de Dauphins, très-beau de couleurs, pièce rare.

FAIENCES FRANÇAISES.

60 **Un plat,** grandeur moyenne en faïence de Rouen, dix-huitième siècle, polychrome, style Louis XV, avec armoirie en camaïeu au milieu. Le fond jaune d'or, les bords jaune d'or et bleu, très-rare.

61 **Grand cabaret,** faïence de Rouen, dix-septième siècle, décors cachemire aux quatre couleurs, à deux anses, style Louis XIV. Longueur 0m54.

62 **Vase,** grandeur moyenne, faïence de Rouen, hauteur 0m33, fond bleu à grappes de raisin enlevées dans l'émail, un cartouche avec la devise : Désir de bien faire; genre Louis XV, dix-huitième siècle.

63 **Cruche** en faïence de Nevers, dix-septième siècle, hauteur 0m22, montée en argent, bouquet de fleurs blanches sur fond bleu foncé.

64 **Assiette** en faïence de Nevers, dix-septième siècle, fleurs blanches et jaunes sur fond bleu foncé.

65 **Plat,** moyenne grandeur, en faïence de Moustier, dix-huitième siècle, représentant le Char de la Victoire avec personnages polychromes.

66 **Deux plats,** bords à jour, grandeur moyenne, faïence de Strasbourg, dix-huitième siècle, représentant un bouquet de fleurs, polychrome.

67 **Petite soupière** avec couvercle et cuiller à jour, faïence de Strasbourg, dix-huitième siècle, bouquet de fleurs, polychrome.

68 **Théière,** grande grandeur, style Louis XIV, faïence de Marseille, dix-septième siècle, bouquets de fleurs, polychrome, hauteur 0m31.

69 **Vase,** grandeur moyenne, faïence de Moustier, hauteur 0^{m}27, dix-huitième siècle, à jour, avec trois médaillons représentant des Bergeries d'après Watteau, décor polychrome.

70 **Plat,** moyenne grandeur, très-profond, faïence de Bernard de Palissy, seizième siècle, représentant le Baptême de N.-S. par Jean-Baptiste, décor polychrome, bords ondulés.

71 **Un vase brûle-parfums,** faïence de Strasbourg, dix-huitième siècle, hauteur 0^{m}24. Le vase est enguirlandé et posé sur un rocher. Un chien en avant. Décor polychrome.

72 **Un groupe,** grande grandeur, faïence de Strasbourg, dix-huitième siècle, à la marque de Hannung (H.). Un cordonnier à son établi, une cage avec un oiseau.

73 **Une vasque,** grande grandeur, faïence de Rouen, dix-septième siècle, genre Louis XIV, posée sur 4 pieds avec deux anses, décor bleu. Diamètre 0^{m}51, hauteur 0^{m}24.

74 **Un plat** gaufré, faïence de Rouen, dix-huitième siècle, profond. Diamètre 0^{m}24, fond, paysage avec maison lilas, bords très-ornés avec fleurs et festons polychromes.

75 **Plateau** à hauts bords. Diamètre 0^{m}27, hauteur 0^{m}12. Faïence de Rouen, dix-septième siècle, style Louis XIV. Décor bleu foncé.

76 **Grand plat,** faïence de Rouen. Diamètre 0^{m}34, dix-septième siècle, un archer costume Louis XIV. Larges bords à fleurs vertes et bleues.

77 **Quatre bustes** représentant les Quatre Saisons, faïence de Rouen, hauteur 0^{m}39, décor polychrome. Ces pièces sont très-rares et très-belles de dessin et d'émail. La plus belle des quatre pièces est l'Hiver, représenté par un vieillard; la figure, la barbe et la draperie sont remarquables, 1730.

78 **Un héron,** faïence de Rouen, dix-huitième siècle, hauteur 0,29, décor polychrome splendide.

79 **Deux lions** couchés, faïence de Lunéville, dix-huitième siècle, longueur 0,38, hauteur 0,22. Crinières jaunes, riche coloris et très-beau dessin.

80 **Un légumier,** avec couvercle, faïence de Rouen, diamètre 0,22, hauteur 0,13, décor très-orné en bleu, dans l'intérieur du couvercle, un sujet en bleu, dix-septième siècle.

81 **Une assiette,** faïence de Moustier, dix-huitième siècle, 0,25 diamètre, décor vert, jaune, bleu et brun : oiseaux, personnages et fleurs.

82 **Une fontaine,** faïence de Rouen, dix-huitième siècle, hauteur 0,64, décor à quatre couleurs, fleurs et arabesques, une grande tête de chimère en haut de la fontaine.

83 **Grand poêle,** faïence de Rouen, fin du dix-huitième siècle, forme pyramidale, émail jaune surmonté d'un groupe en faïence blanche.

83bis **Deux consoles,** faïence de Marseille, dix-septième siècle, représentant des aigles supportant un socle avec des grappes de raisin, décor polychrome, très-remarquables, hauteur 0,34.

FAIENCE ANGLAISE.

84 **Un buste** de Minerve, terre de pipe, Wedgwood, hauteur 0,31, dix-huitième siècle, décor polychrome, riches couleurs.

FAIENCE ALLEMANDE.

85 **Plat,** moyenne grandeur, faïence de Nuremberg, 1730, appelé plat de Luther, décor polychrome. Représente Luther et le duc de Saxe debout de chaque côté d'une table où se trouve la Bible. Plat fait en mémoire de la confession d'Augsbourg. Deux exemplaires connus (très-rares,) émail très-fin, diamètre $0^{m}30$.

TERRES CUITES.

86 **Grande cheminée** de Nuremberg, seizième siècle. (Émail stannifère) du célèbre faïencier Auguste Hirschvogel (1530). Elle est composée de 27 pièces : tout le décor en relief.

A. Corniche, 12 pièces.

B. Partie supérieure : 5 bas-reliefs, 2 grands et 3 petits, représentant Sept Empereurs d'Allemagne en cuirasse, et au centre, deux groupes de Saint Michel terrassant le dragon.

C. Deux mascarons à poser de côté, représentant des fleurs et fruits.

D. Pièce inférieure : 4 grands mascarons jaunes avec fleurs et ornements.

E. Deux supports de chaque côté formant angle, représentant des chimères et têtes de lion, émail vert, jaune, bleu foncé. Coloris splendide, décor excessivement riche. Cette cheminée, digne d'un musée, est sans contredit unique en Europe. Hauteur 3m00, largeur 1m84.

87 **Terre cuite** française de Bernard de Palissy, représente une chaire de vérité avec un dais en émail plombifère, seizième siècle, hauteur 0m50. La chaire représente en bas-relief Notre-Seigneur au milieu des deux femmes. Le cul-de-lampe de la chaire ornée de fleurs de lis, couleurs jaune-pâle, vert et brun.

88 **Une plaque,** terre cuite, Nuremberg, seizième siècle, représente une femme, probablement Ève, l'arbre de la science et un animal en dessous, hauteur 0m35. Émail stannifère.

89 **Grand plat,** terre cuite de Tours, dix-septième siècle, diamètre 0m30, émail plombifère, décors à relief, fleurs et festons, fond jaune pâle, relief vert et lilas pâle.

PORCELAINES.

BERLIN, VIEUX SAXE, FRANKENTHAL, MAYENCE, VIENNE ET KRONENBOURG.

90 **Service de table** de 210 pièces, vieux Saxe, dix-huitième siècle. Gaufré blanc, avec fleurs rouge et or : composé d'assiettes, grands et petits plats, longs et ovales, quatre légumiers, quatre compotiers, deux grandes soupières du plus beau style Louis XV.

91 **Six tasses** avec soucoupes et couvercles, vieux Saxe, fond vert d'eau, avec médaillons représentant des Cavaliers dix-huitième siècle.

92 **Une jatte** à bouillon avec couvercle et soucoupe, vieux Saxe, dix-huitième siècle, grande grandeur : cuiller à jour, fond vert d'eau, avec médaillons d'après Watteau.

93 **Jatte** à bouillon, format moyen, avec soucoupe et couvercle vieux Saxe, dix-huitième siècle ; fond vert d'eau, avec médaillons représentant des amours d'après Watteau.

94 **Un tête-à-tête** de six pièces, vieux Saxe, dix-huitième siècle. Composé d'un grand plateau, de deux tasses avec soucoupes, d'une cafetière, d'un pot au lait et d'un sucrier, fond vert d'eau, avec médaillons représentant des Cavaliers et leurs chevaux.

95 **Un service** à café en Fulda (Allemagne), dix-huitième siècle, pouvant aller avec le service de table en vieux Saxe. Gaufré avec fleurs rouge et or, composé de 17 pièces, savoir 12 tasses avec leurs soucoupes, une jatte, un sucrier, une théière, une cafetière, un pot au lait.

96 **Un service** à café en vieux Saxe, dix-huitième siècle. Composé de 4 tasses et soucoupes, une jatte, une théière, un sucrier et un beurrier, magnifiquement décoré d'oiseaux et de fleurs aux plus riches couleurs.

97 **Une pinte** en vieux Saxe, dix-huitième siècle. Hauteur 0,18 centimètres, fond vert d'eau avec médaillons représentant un sujet admirablement peint d'après Watteau : le couvercle est surmonté d'une fraise aux couleurs naturelles, pièce très-riche.

98 **Une jatte** à bouillon, grandeur moyenne, vieux Saxe, dix-huitième siècle, avec couvercle et soucoupe ornée de fleurs, papillons et insectes.

99 **Deux assiettes** en Berlin provenant du célèbre service donné par le roi de Prusse au duc de Wellington, avec figures imitation de bas-reliefs, peinture admirable, fond vert tendre et or.

100 **Groupe** en Mayence-Höechst, dix-huitième siècle, moyenne grandeur, représentant un Jeune Homme nu et une Jeune Fille accroupie, éteignant le flambeau de l'Hymen, époque Melchior.

101 **Groupe** en Mayence, dix-huitième siècle, grandeur moyenne, représentant un Chinois embrassant une Chinoise sur l'épaule, coloris magnifique, époque Melchior.

102 **Groupe** en Mayence, dix-huitième siècle, grandeur moyenne, représentant un Maçon travaillant avec tous les attributs de son état, la couleur rose tendre domine, époque Melchior.

103 **Groupe** en Vienne, dix-huitième siècle, grandeur moyenne, représentant une Bergerie d'après Watteau.

104 **Deux figurines** en Franckenthal, dix-huitième siècle. La première représente une Dame en costume Louis XV, tenant d'une main une cage ; sur le doigt de l'autre main se trouve perché un oiseau, à ses pieds un mouton. L'autre figurine représente un Cavalier tenant d'une main un chapeau dans lequel se trouve un nid avec un oiseau, à ses pieds un chien de chasse, genre Watteau.

105 **Deux figurines** en Mayence, dix-huitième siècle, représentant l'une une Jeune Fille, tenant d'une main un baquet, de l'autre un poisson; l'autre un Jeune Pêcheur, tenant d'une main un panier d'écrevisses, de l'autre une écrevisse.

106 **Deux figurines** en Mayence, l'une représente un Jeune Garçon désespéré de voir envoler les oiseaux du nid qu'il tient en main, et l'autre une Jeune Fille, caressant un épagneul qu'elle tient dans ses bras.

107 **Deux figurines** en Franckenthal, Carl Théodore, grandeur moyenne, l'une représente un Polonais appuyé sur un vase de forme Louis XV, l'autre une Moissonneuse également appuyée sur un vase pareil.

108 **Un groupe,** grandeur moyenne, en Kronenbourg, dix-huitième siècle, représentant deux Amours entourant un vase de fleurs, coloris très-riche.

109 **Deux figurines** en Franckenthal, dix-huitième siècle, représentant Deux Turcs en grand costume, dont l'un joue de la trompe.

110 **Une figurine** grandeur moyenne, Kronenbourg, dix-huitième siècle, représentant un Voyageur jouant de la clarinette, son chien est à ses pieds.

111 **Figurine** en Franckenthal, dix-huitième siècle, représentant une Dame en costume genre Watteau, tenant des fleurs dans son tablier.

112 **Figurine** en Mayence, dix-huitième siècle, représentant un Jockey en costume jaune, appuyé sur une canne.

113 **Figurine** en Mayence, dix-huitième siècle, représentant un Jeune Garçon tenant dans son chapeau des fleurs; couleur lilas très-estimée, époque Melchior.

114 **Figurine** en vieux Saxe, dix-huitième siècle, représentant un Jeune Homme offrant des fleurs qu'il tient dans son tricorne. Costume Louis XV, époque Melchior.

115 **Groupe** grandeur moyenne, vieux Saxe, dix-huitième

siècle, en blanc, représentant Berger et Bergère, genre Watteau, tressant une couronne de fleurs autour d'un grand vase. A leurs pieds deux tourterelles.

116 **Groupe** moyenne grandeur, en Vienne, dix-huitième siècle. Reproduction et réduction du célèbre groupe du sculpteur flamand Godecharles : Les Trois Grâces jouant avec l'Amour qu'elles couronnent de fleurs.

117 **Groupe** moyenne grandeur, vieux Saxe. Une Dame, genre Pompadour, appuyée sur un galant seigneur costumé à la Louis XV. L'Amour à leurs pieds effeuille des fleurs.

118 **Groupe** grandeur moyenne, vieux Saxe. L'Amour lutinant Vénus, assise sur un rocher, en blanc.

119 **Deux groupes,** vieux Tournai, en blanc. Un Rocher surmonté d'un vase à jour avec couvercle enguirlandé ; au pied du vase un chien poursuivant une oie.

120 **Figurine** en Franckenthal, dix-huitième siècle, hauteur 0,23, Vénus assise sur un piédestal, style Louis XV, robe parsemée de fleurs.

121 **Figurine** en vieux Saxe, dix-huitième siècle. Nègre appuyé sur une trompe d'éléphant.

122 **Groupe** en Mayence, dix-huitième siècle. Une Femme donnant à manger à des poules.

123 **Groupe** en Mayence, dix-huitième siècle. Voyageur assis sur un rocher, son havre-sac à ses pieds. Époque Melchior. Couleur rose.

124 **Groupe** grande grandeur, Mayence, dix-huitième siècle. Trois Amours ailés jouant autour d'un vase. Très-riches couleurs. La couleur rose domine.

125 **Figurine,** vieux Saxe, dix-huitième siècle. Une Vendangeuse appuyée sur un tonneau.

126 **Figurine,** Mayence, dix-huitième siècle. La Nourrice et son Bébé. Couleur rose.

127 **Figurine,** vieux Saxe, dix-huitième siècle. La Comédie.

128 **Figurine,** vieux Saxe, dix-huitième siècle. Un amour casque en tête, soutient un écusson.

129 **Figurine,** Mayence, dix-huitième siècle. Jockey rose appuyé sur une canne.

130 **Deux vases** pareils, vieux Saxe, dix-huitième siècle, forme ronde, fond vert d'eau, médaillons, Kermesse flamande d'après Teniers, hauteur 0,31.

131 **Corbeille à jour,** Mayence, dix-huitième siècle, époque Melchior. Au fond un bouquet de fleurs en couleur. Longueur 0,24, dans l'intérieur fleurs en relief polychrome.

PORCELAINES ANGLAISES (pâte tendre).

132 **Figurine** en Chelsea, dix-huitième siècle. Une Femme tenant un chat, riches couleurs.

133 **Saltimbanque** tenant un chien dans ses bras, Chelsea, dix-huitième siècle.

134 **Figurine,** Chelsea, dix-huitième siècle. Un Moissonneur, en blanc.

135 **Figurine,** Chelsea, dix-huitième siècle. Un Jeune homme jouant avec une boule.

136 **Figurine,** Chelsea, dix-huitième siècle. Moissonneur liant des gerbes.

PATE TENDRE (Sèvres biscuit).

137 **Groupe,** Sèvres, dix-huitième siècle, hauteur 0m57. Minerve, Mercure et le Commerce; aux pieds, attributs de guerre, de commerce; derrière, un grand piédestal surmonté d'Apollon.

138 **Deux groupes,** Sèvres, dix-huitième siècle, hauteur 0m39. Grâce tenant d'une main une cruche et de l'autre conduisant un jeune enfant.

139 **Groupe,** Sèvres, dix-huitième siècle, hauteur 0m28.

Berger jouant de la flûte, Bergère caressant un chien, costume genre Watteau, tous deux assis sur un rocher, au milieu un grand vase enguirlandé.

BISCUIT (pâte dure).

140 **Groupe,** vieux Saxe, dix-huitième siècle. Un arbre sur lequel il y a plusieurs Amours; au pied de l'arbre, une Bacchante versant à boire à un Sylène assis sur une panthère, style Louis XV, hauteur $0^{m}34$.

141 **Groupe,** vieux Franckenthal, dix-huitième siècle. Déesse du Commerce, couronne murale en tête, caresse un Amour entouré de fleurs et posé sur un socle, hauteur $0^{m}32$.

PORCELAINES VIEUX CHINE.

142 **Six assiettes,** fond orné de fleurs et d'une branche d'arbre brun et or, riche bordure, fleurs et festons, à gauche; dans le fond, un vase bleu dans lequel il y a un melon et des fleurs, décor polychrome et or.

143 **Six assiettes,** bordure bleue à médaillons bordés de rouge, vert et noir, avec fleurs au milieu; dans le fond, deux vases, l'un bleu avec fleurs de couleur, l'autre brun et or avec fleurs de couleur.

144 **Seize assiettes,** fond blanc, bordure très-mince, bleu et bouquets de fleurs de couleur; au fond, rosace bleue, autour petites fleurs de couleurs.

145 **Deux compotiers,** au fond, grand vase brun et or avec fleurs de couleurs, bordure richement décorée.

146 **Quatre assiettes,** fond blanc, au milieu rocher bleu avec palmier, fleurs, riches couleurs.

147 **Petit plat,** bordure groseille avec médaillons jaunes et fleurs de couleurs, bordure du marli arlequin; au fond, grand vase vert et jaune avec fleurs de couleurs.

148 **Petit plat,** couleur verte, bordure avec médaillons de fleurs, fruits et papillons polychrome ; au fond, mandarin richement colorié, dans un berceau vert et canard dans un étang.

149 **Quatre assiettes,** bordure, festons et fleurs polychromes; au fond, vase brun et or avec fleurs de couleurs.

150 **Quatre assiettes** dépareillées, richement décorées.

151 **Une assiette,** coquille d'œuf, couleur rose, bordure médaillons de fleurs, au fond mandarins richement coloriés.

152 **Deux assiettes,** coquille d'œuf, couleur jaune et or avec armoiries au milieu, polychrome.

153 **Garniture** complète de cinq pièces, hauteur $0^{m}26$, fond blanc, décor : deux oiseaux bleu et noir et fleurs polychromes.

154 **Garniture** complète de cinq pièces, hauteur $0^{m}24$, fond rose avec fleurs polychromes.

155 **Service à café,** composé de 8 pièces, 5 tasses et soucoupes, une cafetière, pot au lait, sucrier, décor : chasseur costume Louis XIV avec un chien noir et bleu, arbre et décor vert.

156 **Pinte,** décor de fleurs polychromes.

157 **Théière** et **plateau**, fleurs à relief en couleur.

158 **Théière,** deux tasses et soucoupes, tasse avec couvercle, décor rouge et mandarin polychrome.

159 **Jatte à bouillon,** décor polychrome.

160 **Petite tasse** et soucoupe, coquille d'œuf, décor : mandarins et arbres noirs.

161 **Un plat,** diamètre $0^{m}34$, décor : fleurs et papillons polychromes, le vert domine.

162 **Plat,** diamètre $0^{m}35$; au milieu, grand vase brun et or avec fleurs de couleurs, bordure brun et or et fleurs de couleurs.

163 **Plat,** diamètre $0^{m}40$; au milieu, fleurs et papillons de couleurs, bordure richement décorée, le vert domine.

164 **Plat,** diamètre 0^m33, décor polychrome, paon sur une terrasse avec fleurs.

165 **Deux vases** pareils, hauteur 0^m44, vert céladon avec fleurs et anses à relief richement coloriés et couvercle de même. Monture en bronze Louis XVI.

166 **Deux figurines,** terre cuite, émail bleu et blanc : deux derviches en prière.

167 **Plateau,** diamètre 0^m26, décor polychrome.

168 **Huit assiettes** dépareillées, décor polychrome.

ÉMAIL ANCIEN SUR CUIVRE, DE CHINE.

169 **Grande coupe** avec soucoupe, diamètre 0^m24 avec décor lilas, noir et vert quadrillés, vase noir avec fleurs, au milieu de la soucoupe le dragon bleu ; au revers une rosace bleue comme marque. Superbe pièce comme émail et couleurs.

170 **Coupe** moyenne avec soucoupe, décor quadrillé rose et vert, mandarin richement colorié, décor noir et or.

171 **Deux tasses** avec soucoupes, décor de couleur.

172 **Boîte à thé,** vert, quadrillé et décor de couleur.

PORCELAINES VIEUX JAPON.

173 **Deux assiettes,** bordure à jour, décor de fleurs aux trois couleurs.

174 **Deux assiettes,** petit format, bordure à jour, décor de fleurs aux trois couleurs.

175 **11 assiettes,** décor en camaïeu ; au milieu, bouquets de fleurs, très-ornées ; au revers, la marque de la feuille.

176 **Trois assiettes,** camaïeu, avec joncs en or et deux oiseaux rouges d'or.

177 **Cinq assiettes,** camaïeu, cinq médaillons avec fleurs, richement décorées ; au revers, la marque de la feuille.

178 **Deux assiettes,** aux trois couleurs.

179 **Deux assiettes,** camaïeu, au milieu paysages avec arbres et maisons.

180 **Deux assiettes,** richement décorées aux trois couleurs.

181 **Une grande potiche.** hauteur 0^m40. Une Femme aux habits richement décorés aux trois couleurs.

182 **Théière,** monture d'argent, décor de fleurs aux trois couleurs, hauteur 0^m26.

183 **11 tasses** et onze soucoupes, dépareillées, polychromes.

184 **Compotier,** décoré de fleurs de couleurs.

185 **Deux cendriers,** décor de fleurs en camaïeu.

186 **Tasse et soucoupe,** très-haute, décorée aux trois couleurs.

187 **Une petite cafetière,** long goulot, anse contournée avec plateau, décor camaïeu.

188 **Quatre plats à barbe,** décor polychrome.

L'un d'eux avec les armes des comtes d'Artois, polychrome.

189 **Plat.** Diamètre 0^m36, décor en camaïeu; au milieu, des Cigognes dans un marais; bordure très-large, avec médaillons de fleurs; au revers, la marque du lapin.

190 **Plat.** Diamètre 0^m36, décor aux trois couleurs. Au fond, Paysage avec maison et terrasse orange.

191 **Plat.** Diamètre 0^m28, décor aux trois couleurs, fleurs et festons; au revers, la marque de la feuille.

192 **Plat.** Diamètre 0^m44, décor aux deux couleurs; au milieu, grosses roses, rouge et or, bordure très-ornée.

193 **Plat.** Diamètre 0^m31, bordure verte avec médaillons de fleurs; au milieu, deux Faisans perchés sur des arbres, polychromes.

194 **Deux petits plats.** Diamètre 0^m28, décor aux trois couleurs.

195 **Grande vasque.** Diamètre 0^m36, hauteur 0^m16, décor

avec personnages et fleurs, Paysages à l'intérieur et au revers, camaïeu.

196 **Soupière** avec couvercle et plateau. Longueur 0m38, hauteur 0m24, le couvercle surmonté d'un Lion rouge et or, décor polychrome, fleurs et oiseaux.

197 **Deux vases**, longs et carrés aux coins, décor aux trois couleurs avec couvercle, hauteur 0m28.

PORCELAINES ANCIENNES DES INDES.

198 **Quatorze assiettes.** Fond blanc. Grosse rose au milieu et plusieurs petites roses au milieu et dans le fond. Décor polychrome.

199 **Théière,** grandeur moyenne. Décor polychrome.

200 **Deux corbeilles** à jour, avec plateau à jour, grandeur moyenne. Décor de fleurs polychromes et à relief.

201 **Deux grands plats.** Longueur 0m45, décorés de fleurs polychromes.

VIEUX CHÊNE SCULPTÉ, XVIe SIÈCLE.

202 **Deux médaillons.** Diamètre 0m27. L'un représente l'empereur Charles-Quint, l'autre sa femme.

203 **Un médaillon.** Diamètre 0m27. Représente le Double Aigle autrichien.

204 **Un médaillon.** Diamètre 0m27. Représente les Armes du comte de Berghes, évêque de Liége.

www.ingramcontent.com/pod-product-compliance
Ingram Content Group UK Ltd.
Pitfield, Milton Keynes, MK11 3LW, UK
UKHW020524180726
13839UKWH00005B/2297

9 782329 539423